Religion für kleine Leute

Die Sterndeuter kommen

von Regine Schindler
Bilder von Hilde Heyduck-Huth

Verlag Ernst Kaufmann · Lahr

Leise reden die Männer miteinander. Sie reden vom Stern, von einem riesigen Stern. Immer wieder schauen sie nach oben. Im Schein der Öllampe haben sie merkwürdige Linien in den Sand gezeichnet – eine Sternkarte!
Die Männer rechnen, sie zählen und lesen in den alten Pergamentrollen.
„Ein neuer König ist geboren worden", murmelt einer.
„Der Stern ist ein Zeichen dafür."
Auch Zapor ist aus dem Haus gekommen. Die Frauen und die andern Kinder schlafen. Er setzt sich zu den Sterndeutern auf den Boden. Er sieht, wie die Männer rechnen, zeichnen und nachdenken. Zapor möchte fragen. Er schaut seinen Vater an. Zapor weiß: Mein Vater und seine Freunde sind die besten Sterndeuter von Babylonien. Auch er möchte Sterndeuter werden.
Plötzlich sagt Zapors Vater mit fester Stimme: „Der König der Juden ist geboren worden. Unsere Zeichnung ist klar. Auf ihn zeigt der Stern."
Die andern Männer springen auf. Sie umarmen sich vor Freude. Endlich wissen sie, was der große Stern bedeutet. „König der Juden" schreiben sie in den Sand.
Da ruft der älteste der Männer: „Kommt! Wir wollen zu ihm gehen! Wir wollen ihn suchen, diesen König der Juden. Sein Land ist klein und weit weg – aber er wird mächtig sein. Wir wollen zu ihm gehören und ihn anbeten. Denn in den alten Schriften steht über ihn geschrieben:

Er wird herrschen bis ans Ende der Erde.
Alle Völker sollen zu ihm gehören.
Geschenke sollen sie ihm bringen.
Ein Helfer wird er sein für die Armen und Traurigen.
Allen wird er helfen, so wie der Regen aufs Land fällt nach langer Trockenheit.

Erst gegen Morgen trennen sich die Sterndeuter. Die ganze Nacht haben sie geredet, vom riesigen Stern und vom König der Juden. Sie wollen den König besuchen. Bald wollen sie sich auf die Reise machen. Morgen wollen sie packen.

Das Zelt aus Ziegenfellen wird zusammengerollt. Auch warme Decken werden eingepackt. Lederbeutel werden mit Wein und Wasser gefüllt. Alles wird im Hof bereitgestellt. Die Frauen backen viele kleine Brote, die sie den Sterndeutern als Vorrat mitgeben wollen.

Zapor darf seinen Vater auf der Reise begleiten. Er denkt: Ich bin schon groß und kräftig – ich kann dem Vater helfen. Und ich habe scharfe Augen wie ein Adler – ich werde es als erster sehen, wenn der Stern sich bewegt.
Zapor freut sich auf den König der Juden, und er fragt: „Vater, was werden wir ihm mitbringen? Wo sind die Geschenke, von denen in den alten Schriften geschrieben steht?"

Ganz hinten im Haus gräbt der Vater ein Loch in den erdigen Boden; hier hat er die Schatztruhe mit dem Gold versteckt. Er will sie dem neuen König schenken, mit seinem ganzen Gold.
Auch die andern Sterndeuter machen sich bereit für die lange Reise. Ihre Tiere sind bepackt. Auch sie haben Geschenke, die sie sorgfältig unter den Tüchern und Kleidern verstecken. „Ich habe einen ganzen Sack Weihrauch – zwanzig Jahre habe ich alles Harz meines Weihrauchbaumes gesammelt. Es wird herrlich duften beim König der Juden, wenn er die Weihrauchkörnchen verbrennt."
„Ich habe eine Flasche voll Myrrhe – auch sie riecht wunderbar. Der König kann sie als Heilsalbe brauchen. Mein Kostbarstes ist diese Flasche", sagt ein anderer Sterndeuter und streicht mit der flachen Hand über sein bepacktes Kamel.
„Und ich habe Perlen versteckt, ganz unten in der Satteltasche – Perlen, die mein Vater vom großen Meer nach Hause gebracht hat."
Alle Männer sind stolz auf ihre Geschenke für den König der Juden.

Und nun sind der Esel und die Kamele endlich bereit. Zum Gepäck gehören lange Stöcke – das sind die Zeltstangen. Auch gegen wilde Tiere kann man diese Stöcke gut brauchen. Die Reise wird lang und gefährlich sein. Sie wird viele Wochen dauern.
Lange ziehen sie durch die Steppe. Immer wieder müssen sie Wasser suchen. Sie steigen über Berge, sie waten durch Flüsse. Es ist heiß. Hohe Turbane schützen ihren Kopf vor der stechenden Sonne.

Nachts lagern sie sich um ein Feuer. Sie haben ihre Zelte aufgeschlagen.
Der riesige Stern steht über ihnen.
Vor dem Einschlafen reden die Sterndeuter vom König der Juden. Sie freuen sich.
Sie sind sicher: Er wird auch uns helfen!
Sehr früh morgens stehen sie wieder auf. Es ist noch dunkel. Der Stern geht vor ihnen her. Er zeigt ihnen den Weg.
Zapor darf ein Stück weit auf dem Esel reiten. Immer sieht er auf den Stern. Er sieht den Stern noch, wie es schon Morgen wird. Er kann seine scharfen Augen brauchen.

Endlich sehen sie in der Ferne den Hügel mit der großen Stadt Jerusalem. „Vater, schau, wie das Dach des großen Hauses glitzert." Zapor bleibt wie geblendet stehen. „Das ist der neue Tempel der Juden – das Haus, in dem sie ihrem Gott opfern und zu ihrem Gott beten."
Erschöpft kommt der Zug der Sterndeuter oben auf dem Hügel an. Die Straßen von Jerusalem sind voller Schafe und Ziegen, voller Menschen. Auch Blinde und Lahme sitzen am Straßenrand. Sie strecken ihre Hand aus und betteln in einer fremden Sprache. Zapor denkt nach: „Ein Helfer wird er sein für die Armen und Traurigen." Steht das nicht in den alten Schriften? Wenn das Königskind groß ist, wird es diesen Menschen helfen!

Alle machen den fremden Sterndeutern Platz. Sie zeigen ihnen den Weg zur Königsburg, zu König Herodes.
Zapor aber zupft den Vater am Ärmel und fragt: „Wohnt er wirklich hier, der König der Juden? Ich habe den Stern genau gesehen in den letzten Nächten – er stand nicht über dem Stadthügel von Jerusalem. Nein dort, mehr im Süden! Ich glaube, wir sind am falschen Ort." Der Vater schüttelt nur den Kopf und lacht. „Hier ist doch die Königsburg. Denkst du, ein Prinz werde draußen auf dem Land geboren? Wir fragen König Herodes. Er wird es wohl wissen!"

Bald kommen die Sterndeuter zur Königsburg. Sie hat keine Fenster. Soldaten stehen davor. Sie schieben eine Eisenstange beiseite und öffnen das schwere Tor. Die Esel und Kamele werden draußen angebunden. – Durch einen langen Gang schreiten die Sterndeuter zum Königssaal. Ihre Schritte hallen in den hohen Räumen.
Alle fallen vor dem König auf die Knie. Sie fragen: „Wo ist der neugeborene König der Juden? Der König, der allen helfen wird? Wir haben nämlich seinen Stern gesehen, weit von hier, in Babylonien. Wir sind gekommen, um ihn anzubeten, den neugeborenen König der Juden."
Da zuckt König Herodes zusammen. Zapor sieht es mit seinen Adleraugen genau. Der König wird weiß und starr. Schnell sagt er: „Kommt wieder, wenn ich euch rufen lasse. Dann kann ich euch mehr sagen über den König der Juden."

Zapor hat sich nahe an den Vater gedrückt. Er hat Angst vor diesem König. Zuerst hat er Angst gehabt vor den beiden Löwen. Aber zum Glück sind sie nur aus Stein. Doch Zapor weiß: Wir sind hier am falschen Ort. Ich habe den Stern genau gesehen. Mit diesem König kann das Kind, das wir suchen, nichts zu tun haben!

Zapor und die Sterndeuter warten. Sie fragen in der ganzen Stadt nach dem neugeborenen König. Sie fragen auch in den Säulenhallen des Tempels. Sie warten einen ganzen Tag und eine lange Nacht. In der Dunkelheit ist es eisigkalt. Sie wollen wach bleiben. Sie treten von einem Bein aufs andere.

Den großen Stern aber sieht Zapor außerhalb der Stadt über den felsigen Bergen. Er leuchtet so hell wie noch nie. Zapor streckt seine Arme empor und ruft: „Wir sehen dich, großer Stern! Wir kommen bald!“

Endlich werden die Sterndeuter wieder zu König Herodes gerufen. Er lacht. Er macht ein freundliches Gesicht. Aber Zapor sieht, daß seine Hände zittern, während er sagt: „Zieht hinaus nach Bethlehem. Dort wird der König der Juden geboren, so sagen es die alten Schriften. Zieht nach Bethlehem, sucht das Kind und betet es an. Kommt dann zu mir zurück und erzählt mir von dem Kindlein. Ich möchte auch zu ihm gehen. Ich möchte es anbeten. Ich möchte ihm dienen und ihm Geschenke bringen."

König Herodes verabschiedet sich von den Sterndeutern. Er lächelt. Aber seine Hände verkrampfen sich in den steinernen Mähnen der beiden Löwen.

Schon haben sich die Männer aus Babylonien von Herodes verabschiedet. Sie haben große Körbe mit Früchten bekommen. Sie haben sich bedankt.
Noch am selben Tag eilen sie nach Bethlehem, allen voraus Zapor. Und abends steht der Stern wieder vor ihnen – er steht über dem Dorf Bethlehem. Groß und strahlend steht er da. Jetzt ist er ganz nahe. Über einem einfachen Haus ist er stillgestanden. Die Sterndeuter sind hocherfreut. „Morgen früh besuchen wir das Kind. Jetzt ist es zu spät."
Ganz nahe beim Dorf schlagen sie ihre Zelte auf.

Aber in der Nacht kann Zapor nicht schlafen.
Immer wieder schaut er aus dem Zelt.
Ist der Stern noch da? Steht er noch am selben Ort?
Zapor freut sich auf den neugeborenen König der Juden.

Und jetzt, am Morgen, finden sie das kleine Kind. Es sitzt auf dem Schoß seiner Mutter. Es lacht. Zapor schaut es ganz genau an. Sieht es aus wie ein König? Zuerst ist der Junge enttäuscht. Das kleine Kind ist wie alle andern kleinen Kinder. Aber Zapor weiß: Später wird es ein Helfer sein und ein König. Alle Menschen der Erde werden zu ihm gehören.
Zusammen mit den Männern wirft er sich auf den Boden. Sie beten das Kind an. „Wir freuen uns, daß wir dich gefunden haben. Wir danken dir, daß du da bist, König der Juden! Du wirst auch unser Helfer sein."
Nach kurzer Zeit fallen Zapor die Geschenke ein. Er hat gesehen, daß Maria und Josef, die Eltern des Kindes, arm sind. Er eilt vors Haus. Er räumt die ganze Satteltasche des Esels aus. Ganz unten ist die Schatztruhe mit dem Gold. „Hier", flüstert er und stößt seinen Vater an, „hier, gib dem Kind das Geschenk!"
Und jetzt bringen ihm alle ihre Geschenke: Gold, Weihrauch und Myrrhe, aber auch Perlen, Edelsteine und Schnitzereien. Alles legen sie Maria zu Füßen.

Den ganzen Tag bleiben sie beim Kind und bei seinen Eltern.

In der nächsten Nacht schickt Gott den Sterndeutern einen Traum. Er sagt zu ihnen im Traum: „Zieht sofort zurück nach Babylonien. Macht einen großen Umweg um die Stadt Jerusalem. Geht nicht zum bösen König Herodes."
Sie wissen jetzt alle: Herodes meint es nicht gut mit dem Kind. Er kann auch für uns gefährlich sein.

Die Sterndeuter ziehen fort über Berge und Flüsse, durch die Steppe, fast ohne Ruhepause. Möglichst schnell weg von König Herodes! Auch Zapor muß mit seinem Vater zurückreisen. – Der große Stern ist verschwunden. Zapors Adleraugen können ihn nicht mehr entdecken.

Aber überall erzählen sie von dem kleinen König, vom Kind: „Der große Stern hat uns zu ihm nach Bethlehem geführt. Es ist noch winzig. Es ist arm. Aber wartet, bis es groß ist. Es wird ein Retter sein, nicht nur für die Juden, auch für uns. Seine Eltern haben ihm den Namen Jesus gegeben." Und die Sterndeuter sagen es weiter, was sie in den alten Schriften vom König gelesen haben:

Er wird herrschen bis ans Ende der Erde.
Alle Völker sollen zu ihm gehören.
Geschenke sollen sie ihm bringen.
Ein Helfer wird er sein für die Armen und Traurigen.
Allen wird er helfen, so wie der Regen aufs Land fällt nach langer Trockenheit.

Auch Maria und Josef mit dem Kind müssen fliehen. Auch sie haben Angst vor König Herodes. Im Traum hat ein Engel Gottes mit Josef geredet. „Flieht nach Ägypten", hat er gesagt.
Der Esel trägt Maria und den kleinen Jesus. Folgsam läuft er neben Jesus her. Josef kennt den Weg. In einem Bündel trägt er das Brot für unterwegs. In der andern Hand hält er einen großen Stock. Er ist immer bereit, wilde Tiere und Räuber zu vertreiben. Die Geschenke hat er an seinen Gürtel gebunden. Unter dem weiten Mantel sind sie gut versteckt.

Und Gott beschützt die Eltern und den kleinen Jesus. Maria und Josef wissen: Gott ist bei uns. Unser Sohn soll wachsen. Er wird ein Helfer sein für alle Menschen.

Nachwort für Eltern und Erzieher

Sei es von Krippenfiguren, von Weihnachtsspielen oder von bunten Geschenkpapieren: Die Figuren, die zur Weihnachtsgeschichte gehören, sind den meisten Kindern bekannt: Engel, Hirten, Könige, der Stern und der Stall mit Maria, Josef und dem Kind. Oft erscheinen in Spielen oder auf Bildern Hirten und Könige gleichzeitig an der Krippe.

Es schien uns richtig, in diesem Buch ausschließlich der Weihnachtsgeschichte nach Matthäus (2. Kap.) zu folgen. Während bei Lukas der Engel zu den Hirten kommt und damit die Ärmsten in der Nähe des Stalls als erste die frohe Botschaft erfahren, so sind es bei Matthäus im weit entfernten Babylonien wohnende Magier, die durch einen wunderbaren riesengroßen Stern auf das neugeborene Kind aufmerksam gemacht werden. Erst im Lauf des Mittelalters wurden diese Männer – in Anlehnung an Prophezeiungen des Alten Testaments – zu Königen; erst später erhielten sie Namen: Kaspar, Melchior, Balthasar; erst lange nach der Niederschrift der Bibel wurden sie zu *drei* Königen stilisiert, vermutlich wegen der drei in der Bibel erwähnten Gaben: Gold, Weihrauch, Myrrhe. An sich handelt es sich um eine Gruppe von Sterndeutern ohne angegebene Zahl. Es schien uns darum erlaubt, der Gruppe auch Zapor, das Kind eines der Magier beizugeben. Mit ihm können sich die kleinen Betrachter oder Leser der Geschichte identifizieren.

Indem der Stern diesen babylonischen Gelehrten erscheint, wird gezeigt: Auch zu diesen ganz fernen Völkern, Heiden, kommt die Botschaft von Jesu Geburt. Mit dieser Geburt kommt also die Hoffnung für die *ganze* Menschheit, nicht nur für die Juden, auf die Erde. Aber die fernen Magier haben gehört von den Schriften der Juden, den Prophetenbüchern und Psalmen, in denen vom Friedensfürst, vom Retter aller Menschen die Rede ist. Darum wird der Stern für sie mehr als ein astronomisches Wunder oder eine astrologische Konstellation. Das Zeichen wird zu einem Signal für sie und bewegt sie zum Aufbrechen. In unserer Geschichte wiederholen sich darum einige Zeilen aus dem 72. Psalm, in denen vom Helfer oder Retter die Rede ist – einem König, zu dem alle gehören möchten, der allen hilft, wie der Regen in trockener Zeit.

Die Magier machen sich auf einen gefährlichen und mühsamen Weg. Aber der Stern geht voran. Er zeigt den Weg und muntert zum Durchhalten auf. Die Geschichte ist voller Kontraste: Der mächtige Herodes ist nicht der gesuchte König – der gesuchte Retter aber ist arm, selbst hilfsbedürftig. Da, wo man ihn nicht suchen würde und wo es auch Herodes nicht alleine finden kann, ist das Kind zu finden. Es ist – die Reise der Sterndeuter hat lange gedauert – nicht mehr der Säugling in der Krippe wie im Lukas-Evangelium. Maria und Josef haben ein Haus im Städtchen Bethlehem bezogen. Vermutlich geht Josef hier seinem Zimmermannshandwerk nach, bis ihm im Traum der Weg nach Ägypten gezeigt wird.

Äußerlich finden die Magier nach der langen Reise nichts Spektakuläres in Bethlehem. Fast könnte man mit ihnen enttäuscht sein. Sind nicht sie selbst mit ihren Geschenken das Aufregende in dieser armen Welt eines jüdischen Landstädtchens? Und dennoch: Sie beten das Kind an. Sie fallen auf die Knie – eine Geste, wie sie nur von einem großen Herrscher üblich ist. Sie sind erfüllt von der Gewißheit, daß dieser „ganz andere" König ihnen helfen wird. Sie wissen nicht wie – aber das stört sie nicht. „Wir danken dir, daß du da bist." Das ist die Hauptsache für sie.

Vielleicht spüren die Kinder an Weihnachten etwas von dieser Sterndeuter-Hoffnung. Vielleicht sehen sie durch diese Geschichte auch im Schenken und Beschenktwerden einen neuen Sinn: Das eigentliche Geschenk für uns ist das arme Kind – und das Schenken ist es vor allem, das Freude bereitet.
Es ist zu hoffen, daß Kinder wissen möchten, wie es weiter geht mit diesem Jesus, was sich hinter dem Satz „Er wird ein Helfer sein" versteckt. Dadurch könnte diese Weihnachtsgeschichte zum Anlaß werden, auch nach dem Fest weiterzuerzählen – vom erwachsenen Jesus, der ganz besonders auch zu jenen Menschen gekommen ist, die nicht so ganz dazugehören, aus dem Rahmen fallen, fremd sind wie die Sterndeuter aus dem fernen Babylonien.

CIP-Kurztitelaufnahme der Deutschen Bibliothek

Schindler, Regine:
Die Sterndeuter kommen / von Regine Schindler.
Bilder von Hilde Heyduck-Huth. – 1. Aufl.
Lahr: Kaufmann, 1985.
(Religion für kleine Leute)
ISB N 3-7806-0421-3

NE: Heyduck-Huth, Hilde:

1. Auflage 1985

Umschlaggestaltung: Reinhard Herrmann
Gesamtherstellung: Druckhaus Ernst Kaufmann, Lahr

ISB N 3-7806-0421-3